Simple Muscle

Simple Muscle

Danke, dass du dich für dieses E-Book entschieden hast!

Du tauchst nun in die Welt des <u>einfachen Muskelaufbaus ein</u>.

Die Grundlagen so simple wie möglich erklärt, oft braucht es gar nicht mehr für einen schönen Strand Body^^.

Inhaltsverzeichnis

 smallchest

Einfacher Muskelaufbau

Heutzutage gibt es so ziemlich alles im Internet nachzulesen!

Leider ist hier oftmals auch viel Unfug dabei.

Aus diesem Grund möchte ich dir von Beginn an den richtigen Weg weisen, indem ich all meine Lernunterlagen für dich zusammengefasst habe.

Dabei spielt es keine Rolle, ob du Muskeln aufbauen oder einfach nur zu bzw. abspecken möchtest!

Die wenigsten von uns wollen ein richtiger Bodybuilder mit übermäßig vielen Muskeln sein, da es zum einen unästhetisch aussehen und zum anderen die Beweglichkeit einschränken kann.

Worauf legt wohl die Hauptzielgruppe stattdessen besonderen Wert?

Richtig!

Einen schönen trainierten Körper, welchen man an heißen Sommertagen präsentieren möchte, ganz egal, ob im Urlaub oder einfach nur im Freibad.

Einfach mal sexy fühlen und nichts verstecken müssen, herrlich oder?

Genau daran arbeiten wir und dabei wird alles so leicht und verständlich sein, sodass es auch wirklich der letzte blutige Anfänger verstehen kann.

Basics

Zunächst befassen wir uns mal mit den absoluten Basics:
Es folgen ein paar Begriffe, die, du bestimmt schon das ein oder andere
Mal gehört hast ...

Das Aufwärmen/Abkühlen

Die Muskulatur / die Gelenke / die Sehnen und die Bänder durch
dynamische Dehnung auf die bevorstehende Einheit vorbereiten.

Das Abkühlen, In Form von lockerem Cardio dient dazu nach einem
harten Training, die Herzfrequenz zu senken und die Muskeln zu
entspannen

Die Übung: Beschreibt eine Bewegung, welche einen oder mehrere
Muskeln beansprucht, im Idealfall natürlich spezifisch und zielorientiert
sprich, dass du auch wirklich den Muskel triffst, den du trainieren
möchtest!

Eine Wiederholung: Beschreibt ein wiederkehrendes Muster, bei der
Ausführung einer Übung, welche mit einem Start und Endpunkt definiert
wird.

Ein Satz: besteht aus der Gesamtheit aller Wiederholungen am Stück.

Pause: Betrifft die Zeit zwischen den Sätzen.

Trainingseinheit: Besteht aus Übungen, Wiederholungen, Sätzen und
Pausen.

Trainingszyklus: Besteht aus mehreren Trainingseinheiten.

 smallchest

Übungen

Welche Übungen für die besten Ergebnisse?

Mal abgesehen von Volumen, Intensität, Auslastung und Frequenz, worauf wir zu einem späteren Zeitpunkt noch eingehen werden, beschäftigen wir uns vorerst mal mit der konkreten Übung für die jeweilige Muskulatur.

Im Endeffekt muss unsere Muskulatur gegen einen Widerstand arbeiten, wie beispielsweise dem Luftwiderstand oder der Schwerkraft.

Im Kraftsport nennen wir diesen Widerstand: Übung

Solange du nämlich eine Übung wählst, die gleiche anatomische Bewegung beinhaltet, wirst du denselben Muskel auch ähnlich gut belasten.

Du solltest also damit beginnen, in Bewegungen, anstatt in Übungen zu denken.

Was macht jetzt eigentlich eine gute Übung aus?

Messbarkeit/Konstanz

Eine gute Übung darf wenig Spielraum für große Schummeleien lassen.

Denn führst du beispielsweise eine Übung mit schlechter Messbarkeit aus, kannst du meist gar nicht beurteilen, ob du jetzt schlussendlich stärker bzw. besser geworden bist

Stabilität

Eine gute Übung sollte den Zielmuskel, zum limitierenden Faktor machen und nicht dich zu einem Zirkusartisten.

Erschöpfung / Zentrales Nervensystem

Eine gute Übung erschöpft deinen Zielmuskel aber im Idealfall nicht dein komplettes Nervensystem.

Dadurch kannst du viel mehr Volumen absolvieren.

Wähle deine Übungen also mit Bedacht aus und gliedere sie in Grund und Isolations Übungen ein.

Wenn du nämlich beispielweise deine Oberschenkel Muskulatur fokussierst macht der Beinstrecker durchaus mehr Sinn als die Kniebeuge.

Übungskriterien

Ziel

Setzt du dir beispielsweise bei einer bestimmten Übung ein Ziel oder willst diese perfektionieren, macht es durchaus Sinn genau diese Übung öfter in deinen Trainingsplan zu integrieren

Verletzung

Menschen sind nun mal unterschiedlich, so auch ihre Genetik, Struktur etc.

Somit kann es trotz sauberer Ausführung und Beherrschen der Technik zu einem erhöhten Verletzungsrisiko kommen.

Ungünstige Hebelverhältnisse oder frühere Verletzungen können dir ebenfalls eine Übung wortwörtlich vermiesen.

Wenn du also Probleme mit gewissen Übungen hast, so tausche sie einfach aus oder passe sie an deine Bedürfnisse an.

Schwachstellen / Stärken

Wenn du deine Schwachstelle verbessern möchtest, solltest du dementsprechend dieser Muskelgruppe mehr Aufmerksamkeit schenken.

Andernfalls wenn eine Muskelgruppe deutlich stärker ist, macht es durchaus Sinn das Volumen hier zu kürzen.

Sollte eine Körperhälfte stärker sein, so tausche Ganzkörper gegen Isolationsübungen aus.

Beispielsweise ersetze Bankdrücken mit der Langhantel gegen Kurzhanteln oder Kniebeugen gegen einbeinige Kniebeugen.

 smallchest

Spaß/Motivation

Zu guter Letzt darf natürlich der Spaß und die Motivation nicht zu kurz kommen.

Immerhin ist der Muskelaufbau ein Marathon und kein Sprint.

Suche dir ruhig Übungen aus, die dir Spaß machen und dich motivieren bzw. welche du gut beherrscht.

Es macht keinen Sinn Übungen zu wählen, welche zwar ´´effektiv´´ sind, sich aber für dich nicht gut anfühlen.

 smallchest

Volumen

Bevor wir beginnen sei gesagt, das perfekte Trainingsvolumen hängt von deinem Trainingsniveau ab.

Doch was genau bedeutet Volumen überhaupt?

Volumen = Gewicht x Satzzahl x Wiederholungen

Somit der wichtigste Faktor für den Muskelaufbau!

Und doch kommt ein identisches Volumen auf Grund von unterschiedlicher Anatomie nicht bei jedem gleich an

Welche Faktoren spielen beim Volumen eigentlich eine Rolle?

Das wären unter anderem:

-Der Knochenbau

-Die Faserverteilung

-Die Trainingsvergangenheit

-Das Trainingsniveau

-Das Alter

Hier noch ein guter Startwert für eine Volumen Empfehlung:

(hier ist im weiteren Verlauf je nach Fokus Feintuning angesagt)

Grob kann man von 120-210 wdh/pro Muskel gruppe/Woche oder 5-23 Sätzen / pro Muskel gruppe /Woche ausgehen.

Abschließend sei noch gesagt, dass sich zu viel Volumen auch negativ auf deine Resultate auswirken kann.

Denn nur, wenn du das Volumen ^^verkraftest^^, wirst du bessere Erfolge erzielen können, ansonsten verbrennst du lediglich mehr Kalorien und erhöhst dabei deine Verletzungsgefahr aufgrund von regenerativen Kapazitäten.

 smallchest

Progression

Progression bedeutet im Prinzip nichts anderes als die Verbesserung deiner Trainingsleistung.

Ganz egal ob mehr Gewicht, mehr Wiederholungen oder kürzere Pausen!

Um besser zu werden, musst du eines der oben genannten Optionen verfolgen oder noch besser alle 3 in Kombination!

Doch warum nicht einfach immer nur eine Option verfolgen?

Nun irgendwann wirst du an deine Grenze stoßen, denn egal, ob Gewicht (wird irgendwann zu schwer) oder Wiederholungen (auch begrenzt) oder auch Pausen (früher oder später zu kurz).

Zudem sei gesagt, dass die Progression ebenfalls von deinem derzeitigen Trainingsstand abhängt!

Bist du beispielsweise Anfänger, kannst du dich noch von Einheit zu Einheit steigern.

Als fortgeschrittener Athlet hingegen nur mehr von Woche zu Woche und als

Profi überhaupt nur mehr von Monat zu Monat oder von Jahr zu Jahr.

Bedeutet im Umkehrschluss umso leichter du dich steigern kannst, desto weiter bist du von deinem genetischen Limit entfernt!

Noch ein wichtiger Punkt: nie das Gewicht auf Kosten der Technik erhöhen, hier musst du dein Ideal finden!

Sprich ein Gewicht wählen, welches auf dein Volumen und dein RIR angepasst ist!

Übrigens, auch wenn du dich steigern konntest, heißt es noch lange nicht, dass nicht auch noch mehr möglich gewesen wäre, hier taste dich am besten heran, langfristig sollte in jedem Fall Progression stattfinden

Intensität

Intensität beschreibt den prozentualen Anteil des Arbeitsgewichtes im Verhältnis zur Maximalkraft.

Doch warum spielt die Intensität bei Kraft oder Muskelaufbau überhaupt eine Rolle?

Nun, um eines der obengenannten Beispiele zu erreichen, muss dementsprechend in einer gewissen ^^Schwierigkeit^^ trainiert werden.

In der Regel wird hierzu die RIR – Methode benutzt, aber dazu später mehr.

Je nachdem welche Intensität gewählt wurde, sucht sich der Körper die Anpassung aus, die für ihn am sinnvollsten erscheint.

Denk also immer daran: Für unseren Körper geht es darum, sich für das nächste Mal besser anzupassen, wenn du also Muskeln oder Kraft aufbauen möchtest, so musst du auch in diesem Bereich trainieren.

Konkret in Zahlen ausgedrückt wären das also 70-85% deiner Maximalkraft, da sie sowohl schwer genug sind, als auch das Signal für den Muskelaufbau geben, was die Wiederholungen betrifft, so liegen diese ungefähr bei 5 – 15 wdh.

Was passiert bei zu geringer oder zu hoher Intensität?

Bei zu geringer Intensität und sehr vielen Wiederholungen wirst du vermutlich eine höhere Laktattoleranz bzw. eine bessere Energiebereitstellung bei ausreichender Sauerstoffaufnahme erreichen, gleichzeitig kann dies aber auch ein tolles Tool bei Verletzungen darstellen, da die Intensität für den Muskelerhalt meist ausreicht und im besten Fall den Heilungsprozess sogar beschleunigt!

Zu hohe Intensitäten werden meist beim Powerlifting angewandt, die durchaus ihre Daseinsberechtigung haben, leider ist hier oftmals das Verletzungsrisiko zu hoch und bringt dir in Sachen Muskelaufbau eher wenig.

Frequenz

Die Frequenz (Trainingshäufigkeit) beschreibt die Anzahl der Trainingseinheiten einer bestimmten Muskelgruppe in einer bestimmten Zei.

Um den bestmöglichen Muskelaufbau zu erzielen, sollte eine Frequenz von 2-3 gegeben sein, sprich du solltest jeden Muskel 2-3-mal pro Woche trainieren!

Warum genau 2-3x die Woche?

Hier kommt die Proteinsynthese ins Spiel, neben einer proteinreichen Ernährung stellt das Krafttraining die einzige Option dar, um die Proteinsynthese maßgeblich zu erhöhen, jedoch bleibt diese nach dem Training nicht ewig erhöht, sondern wandert nach grob 24-72 Std. auf ihr Ausgangsniveau zurück.

Zusammengefasst lässt sich also sagen, dass die Muskulatur nach 3 Tagen nicht mehr großartig wächst und dementsprechend jeder Muskel wie bereits erwähnt, mindestens zweimal pro Woche trainiert werden sollte.

Die Vorteile liegen hier klar auf der Hand: Je öfter du einen Muskel trainierst, desto besser wird hier deine Technik und desto besser wird im Umkehrschluss dein Muskelwachstum ausfallen.

Solltest du jetzt allerdings denken: Ich mache einfach alle Sätze an einem Trainingstag, so muss ich dich leider enttäuschen, zum einen wäre das Gewicht und deine Kraft ab einem bestimmten Satz im Keller, zum anderen würde deine Trainingsqualität bzw. deine Konzentration stark darunter leiden.

Wie sieht es eigentlich mit einer zu hohen bzw. zu niedrigen Frequenz aus?

Bei einer zu hohen Frequenz wird die Trainingsplanung deutlich erschwert, da Intensität, Auslastung und Anzahl der Wiederholungen perfekt an die hohe Frequenz angepasst werden müssen, außerdem wird es für die Meisten nicht sonderlich viel Spaß machen, da die Auslastungen relativ niedrig gehalten werden müssen.

Bei zu niedriger Frequenz hingegen lässt du deutlich Potenzial auf der Strecke liegen, da deine Muskulatur mehr verkraften hätte können.

 smallchest

Pausen

Die Pause beschreibt lediglich die Zeit zwischen zwei Sätzen.

Während dieser Zeit solltest du dich auf 2 dinge konzentrieren!

1.) Erholung vom letzten Satz
In Zahlen ausgedrückt wären das min 3 Minuten bei geringer Intensität und bis zu 6 Minuten bei hoher Intensität!
Vermeide unbedingt, dass du den nächsten Satz außer Atem beginnst, da du dadurch keine maximale Spannung aufbauen kannst.

2.) Die Vorbereitung auf den nächsten Satz
Gehe zwischen den Sätzen (während der Pause) nochmal die Bewegung der bevorstehenden Übung durch, hiermit kannst du deine Konzentration und letztendlich auch deine Technik stark verbessern!

Selbstverständlich kannst du die Pausen auch kürzer oder länger halten, wenn du dies möchtest!

Kürzere Pausen haben den Vorteil, dass du mit relativ leichtem Gewicht nah ans Muskelversagen herankommst, außerdem ist die Zeitersparnis nicht außer Acht zu lassen.

Längere Pausen als 6 Minuten haben womöglich im Powerlifting Bereich ihre Daseinsberechtigung, für den reinen Muskelaufbau sind sie aber eher nicht nötig.

Um das Kapitel abzuschließen: Den nächsten Satz kannst du starten, sobald sich dein Atem und dein Puls halbwegs beruhigt haben und du wieder fokussiert auf die nächsten Wiederholungen/Sätze bist.

 smallchest

Deload

Eine geplante leichte Trainingswoche, wozu soll die gut sein,es reicht doch, wenn ich aussetzte, wenn ich krank bin oder nicht?

Dass eine Deload Woche ihre absolute Daseinsberechtigung hat möchte ich dir in diesem Artikel näher erläutern!

Stell dir mal vor, du häufst mit jeder Trainingseinheit etwas Erschöpfung an und diese summiert sich, wird aber nie vollständig abgebaut.

Füllst du so mit der Zeit immer weiter dein Erschöpfungskonto auf, führt das irgendwann in ein Übertraining.

Die ersten Anzeichen wären dann beispielsweise: unruhiger Schlaf, ein ständig hohes Stresslevel, Gelenkschmerzen usw.

Und hier kommt der Deload ins Spiel:

Spätestens wenn ich folgende Symptome wahrnehme, verringere ich 1 Woche lang die Intensität sowie das Volumen um 50%.

Dies hat folgende Vorteile:

-Die passiven Strukturen wie Sehnen, Bänder und Gelenke können sich erholen, da die Gewichte verringert wurden

-Du kannst an deiner Technik feilen

-Die Erhöhung der Proteinsynthese

-Die Regeneration durch beispielsweise die bessere Durchblutung wird beschleunigt

-Das Bewegungsmuster verinnerlicht wird

-Der Kalorienverbrauch wird erhöht

-Das Deload Training selbst, klingt unschlüssig, doch die meisten wollen tatsächlich keine komplette Pause machen.

Somit sollte der Deload bereits schon im Vorhinein ein fixer Bestandteil deines Trainingsplans sein (zwischen 4-8 Wochen) vorausgesetzt es wird hart genug trainiert!

 smallchest

Periodisierung

Eine Periodisierung ist eine Veränderung der Trainingsparameter (Volumen, Intensität, Frequenz) in einer bestimmten Zeit.

Du kannst sowohl als Anfänger als auch als Fortgeschrittener von einer Periodisierung im Trainingsplan profitieren!

Vorweg sei gesagt, dass es für den reinen Muskelaufbau nicht essenziell ist, für den Kraftaufbau jedoch nicht zu vernachlässigen.

Auf lange Sicht sollte aber eine Progression stattfinden, um erneute Muskulatur aufzubauen, egal ob durch höhere Gewichte, vermehrte Wiederholungszahlen, oder langsamere Ausführung.

Was passiert, wenn ich keine Periodisierung im Trainingsplan enthalten habe?

Nun, irgendwann kommst du an den Punkt, an dem du dich nicht mehr steigern kannst, spätestens dann kommt die Periodisierung ins Spiel: Sie gibt dir eine Vorgabe, wie du auf lange Sicht wieder Progression erreichst!

Anfangs habe ich erzählt, dass sie für den reinen Muskelaufbau nicht essenziell wäre, doch für den Kraftaufbau hingegen schon, mehr Kraft bedeutet, aber auch mehr Muskelwachstum, somit ist sie sehr wohl interessant für uns und sollte teil deines Trainingsplans sein (in meinen Plänen übrigens bereits enthalten).

Im Endeffekt ist es nur wichtig, dass du dich mit der Zeit steigerst, dabei spielt es keine Rolle über welche Parameter, beispielsweise könntest du hier auch das absolvierte Gesamtgewicht ins Auge fassen und einfach jede Einheit mehr Gewicht bewegen als zuvor, dass wiederum resultiert in neuem Muskelwachstum und räumt gleichzeitig aus das du etwas falsch machst!

 smallchest

Optimale Trainingszeit

Die optimale Trainingszeit ist tatsächlich von mehreren Faktoren abhängig.

-Wann hast du das letzte Mal gegessen (insbesondere Eiweiß und Kohlenhydrate)?

-Wie lange hast du geschlafen?

-Wie ist deine körperliche und psychische Verfassung?

-Wie hoch ist dein Volumen / deine Intensität?

Das sind nur ein paar Beispiele!

Du merkst: Die optimale Trainingszeit hängt auch von der Tagesverfassung ab.

Um dir jetzt allerdings eine Zahl nennen zu können, hat sich alles zwischen

45 – 90 min etabliert!

Je nach Zielsetzung oder Vorhaben kann und darf die Einheit aber auch ruhig, mal kürzer oder länger andauern.

Was passiert aber, wenn ich eindeutig zu lange trainiere?

In akuten Belastungssituationen, zum Beispiel bei enorm anhaltendem Stress oder harten Trainingseinheiten, kann es zur Ausschüttung des Stresshormons namens Cortisol kommen.

Was löst das Hormon Cortisol im Körper aus?

Ein erhöhter Cortisol Spiegel hemmt zum einen die Ausschüttung des Hormons Testosteron (einer der wichtigsten Faktoren für den Muskelaufbau) fördert die Fetteinlagerung und kann auf Dauer zu Schlafstörungen führen, dies wiederum sabotiert deinen Muskelaufbau.

Auch hier wieder: Von ein paar längeren Trainingseinheiten wird wohl kaum etwas passieren, wenn die restlichen Umstände passen, es ist vielmehr der allgemeine Stress in Verbindung mit dem Trainingsstress, der das Hormon Cortisol ansteigen lässt!

Der springende Punkt an der Stelle: Versuche alle Stressfaktoren so gut wie möglich zu reduzieren / minimieren!

 smallchest

RIR Einschätzung

RIR (Reps in Reserve) sind eine Möglichkeit, die Schwierigkeit eines Satzes zu messen.

Du gibst hierbei an, wie viele Wiederholungen du mit **sauberer** Ausführung hättest machen können (Wiederholungen in Reserve).

Wenn du beispielsweise 10 Wiederholungen gemacht hast, du aber 12 Wiederholungen mit **sauberer** Ausführung hättest schaffen können,

hast du 2 RIR.

Stichwort: **Sauber**, warum so oft erwähnt?

Eine RIR macht nur dann Sinn, wenn deine Wiederholungen nahezu identisch aussehen, sprich kein Abfälschen oder dergleichen, hierbei wird eine perfekte Technik vorausgesetzt, ansonsten würdest du dich ja nur selbst belügen!

Somit ist diese Methode nicht unbedingt für Anfänger geeignet, ich wollte sie dennoch kurz erwähnt haben!

Übertraining

Übertraining bezeichnet einen körperlichen und psychischen Zustand, der durch andauerndes hartes Training ohne ausreichende Erholung entsteht.

Dieser Zustand wird oftmals durch eine schnelle Steigerung der Trainingshäufigkeit, Intensität, der Trainingsdauer oder sogar aus einer Kombination aus allen genannten Punkten ohne die bereits erwähnte notwendige Erholung hervorgerufen!

Das heißt jetzt allerdings nicht, dass du **nicht** schwer trainieren solltest, hier bringt dich der richtige Trainingsplan, welcher all diese Faktoren berücksichtigt, an Ziel!

Übertraining als solches kommt auch nicht von heute auf morgen, es ist vielmehr ein Zustand, der ersteht, wenn der Sportler über einen längeren Zeitraum die Anzeichen eines Übertrainings ignoriert.

Doch welche Anzeichen genau wären das überhaupt?

Nun, hier gibt es vorerst mal 2 Klassifizierungen für das Übertraining.

-Die klassische Überforderung (Overreaching, Woche 4 im Plan)

Dieser Zustand tritt normalerweise nach mehreren aufeinanderfolgenden Tagen harten Trainings auf und führt dazu, dass du dich ausgelaugt fühlst.

Glücklicherweise lässt sich dieser Zustand durch gezielte Ruhepausen (Deloads) schnell wieder ausgleichen!

-Übertraining (Over Training)

Dieser Zustand tritt auf, wenn ein Sportler div Anzeichen wie beispielsweise ein lang anhaltender Muskelkater, ständige Müdigkeit, Energielosigkeit, anhaltende Verletzungen oder Krankheiten über einen längeren Zeitraum ignoriert, hier dauert die Erholung dann oftmals genauso lange und für jemanden, der diesen Sport lebt und liebt, kann dies eine besondere Herausforderung darstellen.

Persönlicher Rekord (1RM)

Maximalkraftversuch ist hier die logischste Methode um deinen 1RM herausfinden, doch dieser ist leider nicht ganz ungefährlich!

Wenn du ihn aber dennoch auf diese Weise herausfinden möchtest, solltest du ein paar Dinge berücksichtigen bzw. befolgen!

Wähle zunächst die richtigen Gewichte: Gerade, wenn du dir unsicher bist, wo du landen wirst, mach am besten nach deinen Aufwärmsätzen einige Versuche um dich an dein Maximum heranzutasten.

Vergiss dabei auch nicht, dass der 1RM stark tagesabhängig ist: Wenn du beispielsweise einen extrem guten Tag hast könnte der Maximalversuch weitaus besser sein als erwartet.

An einem schlechten Tag jedoch könnte auch genau hier das Verletzungsrisiko bei dem Versuch drastisch ansteigen.

Glücklicherweise kannst du auch ohne einen Maximalkraftversuch deinen Maximalwert ermitteln.

Nämlich mithilfe einer Formel, die wie folgt lautet:

1RM = Gewicht + Gewicht x Wiederholungen ⌀ 30

Gewicht = du führst einen Satz in einem beliebigen Wiederholungsbereich

(unter 10) aus, notierst dir deine Werte und setzt diese in die Formel ein!

Nachdem der 1RM ausgerechnet wurde, kann man diesen entweder einfach nutzen oder ihn durch einen Maximalkraftversuch auf seine Richtigkeit prüfen.

So hast du zumindest einen Anhaltspunkt und musst nicht auf Kamikaze machen.

Krank

Du stehst gerade so gut im Saft alles scheint perfekt zu laufen und ausgerechnet dann wirst du krank!

Eines gleich mal vorweg, Muskelabbau ist in einer Woche kaum bis gar nicht vorhanden, lediglich der Muskeltonus nimmt etwas ab, dadurch fühlt sich die Muskulatur nicht mehr so prall an, ist aber nach wie vor noch da.

Im Folgenden noch ein paar Tipps, wie ihr diese krankheitsbedingte Phase bestmöglich übersteht!

1) Pausiere dein Training! Oft hast du danach eine noch bessere Ausgangsbasis als zuvor (Muskeln, Bänder, Sehnen und Gelenke haben Zeit sich zu erholen)
2) Falls du dich in diesem Zeitraum in einer Diät befindest: Raus

   Erhöhe deine Kalorien zumindest auf Erhalt und achte auf ausreichend Proteine / Vitamine / Mineralstoffe

3) Trinke und schlafe viel, um die Regeneration bestmöglich zu unterstützen
4) Bleibe weiterhin aktiv, Spaziergänge an der frischen Luft wirken Wunder!
5) Lenke dich ab und fokussiere dich auf andere Dinge.

Jetzt stellst du dir vielleicht noch die Frage wann und vor allem wie du wieder ins Training einsteigen kannst nach einer Krankheit?

Wann? Am besten, wenn keinerlei Symptome mehr vorhanden sind

Wie? Hierfür eignet sich hervorragend ein Deload Training für den Wiedereinstieg, so kannst du dich wieder schrittweise an die Belastung ran tasten ohne einen Rückfall oder eine Verschleppung der Krankheit zu riskieren.

Hier noch den ein oder anderen Pro Tipp:

Behalte deinen Puls im Auge und höre auf deinen Körper, ist dir das Training zu anstrengend, so pausiere weiterhin!

Greif gegebenenfalls auf Nahrungsergänzungsmittel, wie beispielsweise:Vitamin C / D / Zink etc. zurück, um die Heilung zu unterstützen.

 smallchest

Schlaf

Oftmals sehr unterschätzt, warum ausreichender Schlaf so wichtig ist:

In der Schlafphase regeneriert sich das gesamte System Mensch von Grund auf, darunter finden Erholung, Reparatur sowie Muskelaufbauprozesse statt!

Für die Müdigkeit ist übrigens das Hormon Melatonin verantwortlich, nur mal so nebenbei!

Doch warum ist der Schlaf so essenziell für das Krafttraining und den damit verbundenen Muskelaufbau?

Vorweg der Schlaf ist in verschiedenen Phasen unterteilt, die da wären:

-Leichtschlafphase

-Tiefschlafphase

-REM-Phase

Besonders in der Tiefschlafphase schüttet der Körper sehr viele Wachstumshormone aus, die für alle Körperprozesse, wie auch für das Muskelwachstum und die Vitalität von unermesslicher Wichtigkeit sind!

Hier ein paar Vorteile im Überblick:

-Verbesserter Muskelaufbau

-Weniger Muskelabbau durch Abbau von Stresshormon Cortisol

-Verbesserte Fettverbrennung

-Wiederauffüllung der Energiespeicher

-Besseres Immunsystem

-Verbesserte Hormonproduktion (u.a Wachstumshormon und Testosteron)

Wie lange sollte der optimale Schlaf nun andauern?

Dies ist von einigen Faktoren abhängig!

Je nach Lebenslage ist ein Schlaf von min. 6 bis max. 9 Std. sinnvoll.

 smallchest

Aber auch hier ist dies sehr individuell anzusehen, da der eine mit weniger und der andere mit mehr Schlaf zurechtkommt, dies bietet also lediglich einen guten Richtwert!

Zuletzt noch ein paar Tipps für einen besseren Schlaf:

-Gehe, wenn möglich, immer zur selben Zeit schlafen und wache zur gleichen Zeit auf.

-Gönne dir, wenn möglich, einen Powernap von 10- 30 min.

-Schaue unmittelbar vor dem Schlafen nicht mehr fern oder aufs Smartphone, dies reizt unnötig die Nerven.

-Verzehre ´´Sleep Supplemente´´, die das Einschlafen und somit die Regeneration fördern.

-Achte zudem auf genügend Dunkelheit in deinem Schlafzimmer.

-Die optimale Temperatur im Schlafzimmer beträgt zwischen 15 und 18 Grad.

-Selbst die Ausstattung deines Bettes kann einen Unterschied machen.

Nimm dir diese Punkte zu Herzen und du wirst eine neue Lebensqualität erfahren, versprochen!

 smallchest

Verletzung

Auch wenn das Krafttraining extrem viele gesundheitliche Vorteile mit sich bringt, so sind Verletzungen leider nicht auszuschließen!

Der beste Umgang mit einer Verletzung, ist sie erst gar nicht entstehen zu lassen, also solltest du folgende Dinge stets beachten:

-Trainiere niemals gegen den Schmerz an, in diesem Moment versucht dir nämlich der Körper zu signalisieren, dass er überreizt oder gar beschädigt ist/wurde!

-Wärme dich spezifisch auf, absolviere leichte bis mittelschwere Sätze einer Übung bevor du schlussendlich mit den Arbeitssätzen beginnst!

-Achte außerdem darauf genügend zu trinken, jede kleine Dehydration kann mit einer verminderten Leistungsfähigkeit, einer schlechteren Regeneration und einer höheren Verletzungsgefahr einhergehen.

-Baue regelmäßig Deloads ein, um deinen Erschöpfungszustand zu minimieren.

Manchmal passiert eine Verletzung aus dem nichts, und dann stellt man sich die Frage, wie man in dem Fall am besten vorgehen sollte?

Doch nicht jede kleine Verletzung ist eine Verletzung!

Denn wenn man sich von jedem kleinen ´´zwicken´´ aufhalten lässt, kommt man vermutlich nie an sein Ziel, kleinere Verletzungen gehören bei ernsthaft trainierenden Athleten nun mal einfach dazu und deswegen muss man manchmal Alternativen finden, um dennoch den erstrebten Muskelaufbau bzw. Muskelerhalt (in der Diät) zu erreichen.

Hier ein kleiner Verletzungsguide: Reduziere bei hoher Intensität das Gewicht, erhöhe hier stattdessen die Sätze und/oder Wiederholungen.

Ändere deine Technik ab, verkleinere den Bewegungsradius oder tausche ganze Übungen aus: Arbeite mit Pausen, variiere mit der Griffbreite / Höhe bzw. Tiefe oder tausche die kompletten Übungen aus, indem du beispielsweise anstelle einer freien Übung eine Maschine wählst.

Sollten all diese Maßnahmen keine Früchte tragen, wäre es durchaus ratsam zu pausieren und einen Fachmann aufzusuchen, um Schlimmeres zu vermeiden.

Kalorienberechnung

Bevor wir uns der Kalorien Berechnung widmen, möchte ich zunächst den Grund nennen, warum dein Körper überhaupt eine externe Energiezufuhr benötigt: ohne eine ausreichende Kalorienzufuhr könntest du nämlich weder denken, sehen, atmen, noch deine Körpertemperatur aufrechterhalten oder dich in irgendeiner Form fortbewegen.

So stellt also deine externe Energiezufuhr und dein Energieverbrauch die Energiebilanz dar!

Wenn du jetzt also deine tägliche Energiezufuhr bestimmen möchtest, dann musst du nur die Energiemenge aller Lebensmittel, die du an einem Tag konsumiert hast, addieren.

Einzig und allein die Kalorienbilanz entscheidet über eine Zunahme, Abnahme oder Erhaltung des Gewichtes, ganz egal welche Lebensmittel du zu welcher Uhrzeit konsumierst.

Apropos Erhaltungskalorien, diese stellen zugleich auch deinen Kalorienverbrauch dar, wo du weder zu noch abnimmst, sondern dein Gewicht hältst, von diesen ausgehend erhöhst du dann entweder die Kalorien, um eine Gewichtszunahme zu gewährleisten oder reduzierst sie um schlussendlich abzunehmen (Muskeln definieren).

Die womöglich leichteste und schnellst, rechnende Formel für deine Erhaltungskalorien lautet:

Männer 1kcal/kg Körpergewicht x24

Frauen 1kcal/kg Körpergewicht x24 x0.9

Dies stellt allerdings nur einen einfachen Richtwert dar,

Um sicherzugehen, dass deine Erhaltungskalorien stimmen müssen wir dafür sorgen, dass Wasserschwankungen, Muskelaufbau/abbau, deine Schritteanzahl, Trainingspensum, Uhrzeit des Abendessens und die durchschnittliche Schlafdauer für den Zeitraum der Datenerfassung für eine exakte Berechnung möglichst konstant sind.

 smallchest

Selbstverständlich kannst du dir hier auch einen Kalorienrechner zur Hand nehmen, um deinen vorläufigen Kalorienwert zu ermitteln.

Solltest du dein Gewicht über einen gewissen Zeitraum halten, so hast du diesen Wert exakt getroffen, solltest du jedoch zu oder abnehmen, so passt du diesen Wert dementsprechend nach oben oder unten an je nachdem was dein Ziel ist, am besten in 100-200 kcal schritten!

 smallchest

Mahlzeiten eintragen

Hierzu benötigen wir 2 Werkzeuge: Eine **App zum Eintragen:** Wie beispielsweise Fat secret, Fddb etc., wo du alles einträgst, was du über den Tag zu dir nimmst und eine

Waage zum Wiegen: Hier wiegst du deine Lebensmittel ab und trägst die Grammzahl in die jeweilige App ein

Das war dann auch schon die ganze Hexerei und da du jetzt alle Tools hast um deine Kalorienzufuhr ordentlich messen zu können, gehen wir im Folgenden auf die gängigsten Fehler ein:

-Vergessen Lebensmittel einzutragen: der Klassiker, du hast den ein oder anderen Bissen vom Kuchen nicht eingetragen?

Wird schon nicht so schlimm sein, oder?

Doch, denn diese Kleinigkeiten summieren sich mal eben schnell auf 200-600kcal täglich und das wiederum lässt dich dein Ziel nicht erreichen!

-Falsche Daten eingetragen: Bei den meisten Apps kann jeder x beliebe Mensch hergehen und Lebensmittel in der Datenbank hinterlegen, aus diesem Grund check diese nochmals über mehre Quellen ab wen du dir unsicher bist.

-Unverarbeitete Lebensmittel vs. verarbeitete Lebensmittel

Wenn du ein unverarbeitetes Lebensmittel abwiegst, solltest du natürlich auch die Nährwertangaben für das unverarbeitete Produkt nutzen, ein gutes Beispiel wäre demnach Reis, Gerade Anfänger wiegen gerne mal den gekochten Reis ab, tragen aber im Umkehrschluss den trockenen in die App ein, das Problem liegt aber darin, dass der gekochte Reis gegenüber dem trockenen schwerer ist, da er Wasser zieht und aufquellt.

Selbst wenn ein Lebensmittel, nach dem Kochen weniger Gramm wiegt wie z.B. Fleisch (aufgrund von Wasserverlust) so nimmst du immer noch die Nährwerte vom rohen Zustand, Wiege dein Essen also immer im rohen Zustand und halte dich an die vorgegebenen Nährwertangaben!

Kleiner Pro Tipp: Wenn du auswärts essen gehst, zerlege deine Mahlzeit gedanklich in die einzelnen Zutaten und trag sie anschließend ein.

Makro/Mikro Nährstoffe

<u>Makronährstoffe:</u> Die Energieträger in unserem System.

Sie lassen sich in folgenden Gruppen aufteilen:

Proteine 4,1kcal/g: Aufbau und Reparatur, Hormonbildung, Enzymbildung, Stoffwechsel, Transport

Fette 9,3kcal/g: Energie, Vitaminaufnahme, Stoffwechsel, Zellenmembranaufbau

Kohlenhydrate 4,1kcal/g: Energie

Ballaststoffe 2kcal/g: Verdauung

Alkohol 7kcal/g: ''Energie''

Eine typische Empfehlung der Zufuhr je nach Aufbau oder Diät könnte wie folgt aussehen:

Proteine: 1,6-2,2g/kg

Fette: 0,7-1,2g/kg

Kohlenhydrate: Rest

Ballaststoffe: 10-20g/1000kcal

Alkohol: 0g

<u>Mikronährstoffe:</u>

Diese sind mindestens genauso wichtig, Herrscht nämlich ein chronischer Mangel eines gewissen Mikronährstoffes, so kann dies zu einer schlechteren Performance, Sättigung, Stimmung und Gesundheit im Allgemeinen führen.

Mikros lassen sich in Vitamine und Mineralstoffe weiter einteilen.

Letzteres lässt sich wiederum in Makro bzw. Mengelementen und Mikro bzw. Spurenelemente aufteilen.

 smallchest

Bei den Vitaminen kann man andererseits zwischen fett und wasserlöslichen Vitaminen differenzieren.

Diese Unterscheidungen beziehen sich auf die Bedingung, welche in deinem Körper vorherrschen muss, um eine Absorption gewährleisten zu können!

Kommen wir nun zur Aufnahme Empfehlung:

Diese ist in der Tat gar nicht so leicht zu beantworten, da auch sie wieder von mehreren Faktoren abhängig ist (um nur ein paar zu nennen):

Population, Aktivitäten, Genetik, Krankheiten, Lifestyle.

Allerdings sei Anzumerken, dass es für 95% eine Empfehlung einer ''optimalen'' Versorgung gibt:

Vitmanin A	600 µg – 1500 µg
Vitamin C	800 mg – 2000mg
Vitmanin D	50 µg – 125 µg
Vitamin E	200mg – 800mg
Vitamin K	30 µg - 120 µg
Thiamin (B1)	15mg – 50mg
Riboflavin (B2)	10mg – 25mg
Niacin (B3)	50mg – 300mg
Vitamin B6	15mg- 50mg
Folat	400 µg - 1200 µg
Cobalamin (B12)	5 µg – 15 µg
Pantothensäure (B5)	12mg – 30mg
Biotin	150 µg - 500 µg
Cholin	400mg – 500 mg

 smallchest

Calcium	1000mg – 1300mg
Chrom	30 µg - 100 µg
Kupfer	1mg – 1,5mg
Flourid	2,9mg – 3,8mg
Iod	150 µg – 200 µg
Eisen	10mg – 15mg
Magnesium	300mg – 400mg
Mangan	2mg – 5mg
Molybdän	50 µg – 100 µg
Phospor	550mg – 700mg
Selen	60 µg - 70 µg
Zink	7mg – 16mg
Kalium	3,5g – 4,7 g
Natrium	1,5g
Chlorid	2.3g

Dies sind durchaus gute Richtwerte!

Hierbei sollte jedoch beachtet werden, dass sich z.B. ein hochgewichtiger Mann eher an der oberen Range und eine zarte Frau eher an der unteren Range der Referenzwerte orientieren sollte.

 smallchest

Richtiges wiegen

Was gilt es zu beachten?

Zu allererstmal brauchst du hierfür eine Körperwaage:

Tägliches Wiegen: Versuche dabei stets die gleichen Rahmenbedingungen einzuhalten, achte also auf die möglichst gleiche Uhrzeit, nutze die selbe Waage mit selbigen Standort, geh vorher auf die Toilette, iss bzw. trink vorher nichts und wieg dich stets nackt bzw. in Unterwäsche.

7 Tage Durchschnittswerte: Addiere alle Werte einer Woche zusammen und Teile diesen Wert durch die Anzahl der Gewichtsdaten.

Solltest du dich täglich gewogen haben dann teile durch 7 Tage, um dein ´´Wochengewicht´´ zu erhalten!

Dies wiederum hat den Hintergrund, dass du natürliche Gewichtsschwankungen, wie beispielsweise erhöhte Salzzufuhr am Vorabend sowie Wasser/ Kohlenhydrate Konsum oder dein Hormon/stress Level möglichst gekonnt ignorieren kannst

Vergleich der Durchschnittswerte: Nun vergleichst du 2 Wochen miteinander, sprich Woche 1 mit Woche 2 um zu überprüfen ob sich die Änderung mit deinem Ziel deckt!

Die Anpassung: Dies bringt uns nun zum letzten Punkt, Sollte dein Gewichtstrend in die falsche Richtung verlaufen so musst du deine Kalorien je nach Zielsetzung erneut anpassen, Handel hier nicht zu voreilig, da div Anpassungsprozesse im Körper Zeit brauchen, warte vorerst sicherheitshalber erstmal eine weitere Woche ab, bevor du weitere Änderungen ergreifst.

Aufbau

Zuallererst ermittle deine Erhaltungskalorien: Hierzu kannst du deinen Gewichtsverlauf in einem bestimmten Zeitabschnitt betrachten oder du nimmst einen Verbrauchsrechner her!

Setze dein Kalorienziel fest: Nachdem du deinen aktuellen Verbrauch errechnet hast, musst du deinen gewünschten Überschuss festlegen.

Grob kannst du dich an folgenden Werten orientieren:

<u>Anfänger</u> 1-1,5% vom Körpergewicht / Monat (200-300kcal)

<u>Fortgeschrittene</u> 0,5-1,0% vom Körpergewicht / Monat (100-200kcal)

<u>Profi</u> 0,5% vom Körpergewicht / Monat (100kcal)

Setze deine Makros fest: Lege deinen Protein und Fettkonsum fest, fülle anschließend die restlichen Kalorien mit Kohlenhydraten auf.

Wiege dich richtig: Nimm hierbei stets Durchschnitts werte und vergleiche Woche zu Woche, sollte das Ergebnis nicht zufriedenstellend sein, so warte eine weitere Woche ab, andernfalls passe deine Kalorien erneut an!

Wiederhole den Vorgang so lange, bis du dein Ziel erreicht hast!

 smallchest

Diät

Zuallererst ermittle deine Erhaltungskalorien: Hierzu kannst du deinen Gewichtsverlauf in einem bestimmten Zeitabschnitt betrachten oder du nimmst einen Verbrauchsrechner her!

Setze dein Kalorienziel fest: Nachdem du deinen aktuellen Verbrauch errechnet hast, musst du dein gewünschtes Defizit festlegen.

Grob kannst du dich an folgenden Werten orientieren:

KFA 30% - 20%: 1,2 – 1,5% Verlust/Woche

KFA 15% - 20%: 1,0 – 1,2% Verlust/Woche

KFA 10% - 15%: 0,7 – 1,0% Verlust/Woche

KFA 5,0% - 10%: 0,5 – 0,7% Verlust/Woche

Setze deine Makros fest: Lege deinen Protein und Fettkonsum fest, fülle anschließend die restlichen Kalorien mit Kohlenhydraten auf.

Wiege dich richtig: Nimm hierbei stets Durchschnitts werte und vergleiche Woche zu Woche, sollte das Ergebnis nicht zufriedenstellend sein, so warte eine weitere Woche ab, andernfalls passe deine Kalorien erneut an!

Wiederhole den Vorgang so lange, bis du dein Ziel erreicht hast!

Mahlzeitenfrequenz PRE / INTRA / POST

Hier erfährst du nun, was du, wann essen solltest und wie viele Mahlzeiten du für die bestmöglichen Resultate benötigst!

Das Hauptziel einer passenden Mahlzeitenfrequenz ist die Maximierung deiner Proteinsynthese, dazu benötigst du min. 3-4 effektive Mahlzeiten mit einem Abstand von min. 3-4 Std.

Effektive Mahlzeiten zeichnen sich durch einen hohen Leucingehalt von min 3-4g aus und besitzen darüber hinaus genügend essenzielle Aminosäuren (min 10-15g)

Natürlich kannst du auch mehrere Mahlzeiten über den Tag verteilt zu dir nehmen, achte hierbei stets auf deinen Appetit

Bist du jemand, der Hungerprobleme hat, so konsumiere eher 3 effektive Mahlzeiten und streiche alle ineffektiven Mahlzeiten (Snacks etc.) raus.

Bei Appetitsproblemen hingegen erhöhe die Frequenz auf 4-5 Mahlzeiten pro Tag und die Anzahl der ineffektiven Mahlzeiten.

Behalte die Häufigkeit deiner Mahlzeiten, wenn möglich, bei!

Die Mahlzeit vor dem Training

Solltest du ca. 2 Std. vor dem Training eine ausgewogene Mahlzeit mit reichlich Kohlenhydraten und 35-50g hochwertigen Protein konsumiert haben, so reich dies vollkommen aus, sollte die Mahlzeit länger als 3-4 Stunden her sein, so konsumiere entweder grob 60 min vor dem Training min. 35-50g Protein oder ca. 30 min vor dem Training 20-25g EAAS, zusätzlich wären25-50g leicht verdauliche Kohlenhydrate empfehlenswert.

Die Mahlzeit während des Training

In den meisten Fällen reicht die Mahlzeit vor dem Training bereits aus, Ausnahmen wären hier:

-Übertrieben ^^harte^^ Trainings: Hier kannst du je nach Ziel auf zuckerhaltige/ zuckerfreie Säfte oder 20-30g Kohlenhydrate in Form von Glukose oder Maltodextrin zurückgreifen

-Sehr lange Workouts:

Wenn du sehr lange und vor allem mit sehr hohen Volumen trainierst, könnte ein Shake eventuell einen leichten Vorteil bringen.

Ab einer Trainingsdauer von 2,5 Std. würde ein EAA Shake mit optional 20-30g Kohlenhydraten in der Mitte deines Trainings Sinn machen.

-2 Trainingseinheiten pro Tag:

Solltest du nun 2x am Tag trainieren, so kann die Glykogen-Synthese nicht früh genug beginnen.

In dem Fall kannst du gegen Ende deines Trainings bereits mit der Auffüllung deiner Glykogen Speicher beginnen, nutze dafür aber möglichst leicht verdauliche und ^^schnelle^^ Kohlenhydrate!

Die Mahlzeit nach dem Training:

Jetzt kommen wir zu der Mahlzeit, nach dem Training.

Hier besteht, das Ziel in der Auffüllung deiner Glykogen Speicher und in der Einleitung eines optimalen Regenerationsprozesses.

Wenn du also 1-2 Stunden vorher eine ausgewogene Mahlzeit mit 35-50 g Protein konsumiert hast, reicht es vollkommen, wenn du 1-2 Stunden nachdem Training eine beliebige Mahlzeit mit 35-50g Proteinen zu dir nimmst.

Wenn dies nicht der Fall ist so konsumiere unmittelbar danach 35-50g Whey oder 20-25g EAAS.

Was die **Kohlenhydrate** betrifft, so sei gesagt, dass die meisten Athleten jeden Muskel nur 2-3x die Woche trainieren und die Glykogen Auffüllung bei adäquater Kohlenhydratzufuhr sowieso nach 24 Std. abgeschlossen sein sollte.

So bedarf es auch keiner schnellen Kohlenhydratquelle unmittelbar nach dem Training.

Denn bis der gleiche Muskel wieder belastet wird, vergehen in der Regel zwischen 48-72 Stunden, in dem Fall wäre also der Zeitpunkt der Wiederauffüllung recht irrelevant!

 smallchest

IIFYM GUIDE

Bis heute eine ^^Ernährungsform^^ welche belächelt wird.

Bodybuilder ernähren sich doch nur von Hähnchen, Reis und Brokkoli, richtig?

Falsch!

Denn solange du die Basics abdeckst, kannst du im Prinzip essen, was du möchtest, und das resultiert wiederum in einem besseren Durchhaltevermögen und in eine bessere Lebensqualität, während du deine Ziele zu 100% erreichst!

Wie schon erwähnt ist das Abdecken der Basics Pflicht, also wahllos hineinfressen geht auch hier nicht, du hast lediglich eine viel größere Auswahl an Lebensmitteln und kannst somit auch beispielsweise deine Gelüste während einer Diät stillen.

Die Voraussetzungen hierfür:

Triff deine Makro/Mikro Nährstoffe

Im Idealfall solltest du bereits deine Proteine / Kohlenhydrate und Fette auf gesplittet haben.

Um deinen Vitaminhaushalts bestmöglich abzudecken, solltest du min. 300g Obst und 300g Gemüse verzehren, achte im Allgemeinen auf unverarbeitete Lebensmittel, sollten dann noch Kalorien übrig bleiben, kannst du auch gerne auf Lebensmittel mit niedriger Energiedichte zurückgreifen.

In dem Fall hast du nämlich deinen Bedarf an essenziellen Nährstoffen BEREITS KOMPLETT ABGEDECKT und konsumierst Nahrung nur mehr aus energetischen Gründen.

-Trink genügend Wasser

Ein guter Richtwert wären hier 1L pro 20 kg

-Decke deine Ballaststoffe

Konsumiere in etwa 30 – 50 g täglich

Mahlzeitentiming

Denk immer daran, genügend Proteine rund ums Training zu absorbieren, zusätzlich können eine gewisse Menge an Kohlenhydrate durchaus Sinn ergeben

Mahlzeiten Frequenz

Konsumiere mindestens 3-4 effektive Mahlzeiten (3-5g Leucin + genug essenzielle Aminosäuren bzw. min. 35g hochwertiges Protein) in einem Abstand von 4 Stunden

Supplemente:

Die regelmäßige Einnahme von Kreatin, Vitamin D3 (Winter) und Fischöl (EPA/DHA) macht durchaus Sinn, gewisse Mikronährstoff Defizite solltest du ebenfalls ergänzen!

Fruktose eindämmen:

Fruktose kann in sehr hohen Mengen sowohl zu gesundheitlichen Problemen (Fettleber, proportional mehr Viszeral fett) als auch zu einer vermehrten Fettanhäufung in einem starken Kalorienüberschuss führen

Transfette vermeiden:

Transfette können bereits in geringen Mengen gesundheitliche Nachteile mit sich bringen, die Dosis macht hier allerdings das Gift

Unverträglichkeiten beachten

Wenn du bestimmte Lebensmittel nicht verträgst , iss diese einfach nicht ☺

Ansonsten hast du aber freie Lebensmittelauswahl!

Minicut

Ein Minicut ist nichts anderes als eine Diät mit hohen Kalorien Defizit über einen kurzen Zeitraum.

Aber warum benötigen wir einen Minicut überhaupt?

Nun um bestmöglich Muskulatur aufzubauen brauchst du in der Regel einen leichten Kalorienüberschuss

Dieses Plus sorgt jedoch zwangsläufig dafür, dass du über einen gewissen Zeithorizont überschüssiges Fett zulegen wirst, und genau hier kommt dann der Minicut ins Spiel!

Er ist also vielmehr ein kleines Tool um im Aufbau in Form zu bleiben.

Natürlich gibt es auch hier gewisse Rahmenbedienungen, die eingehalten werden müssen wie zum Beispiel:

-Anwendungsdauer: 2 bis maximal 5 Wochen, darüber hinaus wäre nicht empfehlenswert um Muskelverlust zu vermeiden

-KFA: (Körperfettanteil) muss hoch genug sein, sprich nicht unter 14% M und 20% F

-Defizit: 600 bis maximal 1100kcal/ Tag

-Gewichtsverlust 1-1,2% des Körpergewichts pro Woche

-Makros: 2g Protein / 0,5g fett / Rest Kohlenhydrate

-Mikros: Volumenhaltige vitaminreiche Lebensmittel wählen

-Training: Konstant halten, in der kurzen Zeit sollten noch keine Diät Erscheinungen auftreten.

 smallchest

Hunger – Müdigkeit

Egal wie tief du in der Diät steckst, du hast keinen Hunger, Hunger haben Kinder in Afrika, also steh da darüber, immerhin machst du dies auch freiwillig

Entgegenwirken kannst du mit volumenhaltigen Lebensmitteln wie beispielsweise Gemüse, Hülsenfrüchten etc.

Außerdem kannst du den Magen füllen, indem du viel und regelmäßig trinkst.

Teile deine Mahlzeiten über mehre kleine auf den Tag auf oder aber auch über wenige große, je nachdem wie es dich am meisten zufriedenstellt.

Auch nach Zeit geplante Mahlzeiten wäre eine Möglichkeit, so kannst du dich immer auf die kommende Mahlzeit freuen, hier kannst du den Tag als eine Art Prüfung sehen und freust dich nebenbei noch über deinen Erfolg!

Es gibt hier aber auch durchaus kleine Helferlein, beispielsweise kannst du gegen Heißhungerattacken süße Säfte konsumieren oder einfach nur Zähne putzen, Hauptsache du kommst auf einen Geschmack, dies reicht oftmals schon aus.

Thema Müdigkeit: Jeder von uns hat mal einen ^^schlechten^^ Tag, wo man einfach nur abgeschlagen ist, neben dem Schlaf oder Spaziergängen an der frischen Luft kannst du aber auch noch beispielsweise mit Koffein nachhelfen!

In beiden Fällen gilt ablenken ist hier der Schlüssel zum Erfolg, mach etwas das dir Spaß macht, dies hält dich einerseits wach und lässt dich andererseits nicht ans Essen denken!

Ansonsten halte dir immer dein Ziel vor Augen und nimm es einfach so hin wie es ist!

 smallchest

Refeed – Diät Pausen

Was ist der Unterschied zwischen Refeed-Tagen und Diät pausen und was bringen sie mit sich?

Nun, während ein Refeed also eine kurze Diätunterbrechung 1-3 Tage beträgt, dauert eine Diätpause (Diet Break) entgegen ca. 7 Tage an!

Sowohl bei Refeed als auch bei Diät pausen werden meist die Kalorien in Form von Kohlenhydraten auf den aktuellen Kalorienverbrauch oder leicht darüber hinaus angehoben.

Der Sinn dahinter besteht darin, dass gerade in der Diät deine Glykogen Speicher überwiegend niedrig sind und du sie somit wieder auffüllst, dies wiederum kann sich sehr positiv auf deine Diät auswirken!

Im Idealfall baust du alle 4-8 Wochen eine Diätpause zeitgleich mit einem Deload (leichte Trainingswoche) ein.

Außerdem steigerst du hierdurch deine Beständigkeit, denn lange Diäten ohne Unterbrechung können müde und kraftlos machen da der Tank bereits in der Reserve ist.

Wenn du jetzt allerdings entgegenwirkst und den Tank füllst (in Form von Kalorien/Kohlenhydraten) bist du wieder voller Energie und kannst trotz Diät deine Gewichte bestmöglich aufrechterhalten.

Auch auf der Waage wirst du wieder Fortschritte sehen, wenn du zuvor ein Plateau erreicht hast, da unter anderem der Stress nachlässt.

Hunger beispielsweise bedeutet Stress für den Körper, Stress wiederum lässt deinen Körper Wasser ziehen, voila mehr Gewicht auf der Waage.

Cheatday

Was ist das und warum wird er gemacht?

Nun ein Cheatday ist ein Schummel Tag, an dem deutlich über deine Kalorienzufuhr gegessen wird, Beispiele hierfür können Weihnachten, Neujahr oder soziale Events sein.

Es wird also je nach Lust und Laune gegessen, was auch immer du willst!

Wie gleichen wir so einen Cheatday aber wieder aus, an dem wir vermutlich ordentlich übers Ziel hinausgeschossen sind?

Prinzipiell hast du in solchen Szenarien folgende Optionen

1) Du hältst dich weiterhin an deinen Plan und machst keinen Cheatday, bedenke aber dabei, dass du wegen 1-2x im Jahr schummeln keine großen Schäden davonträgst, es sei denn, du befindest dich in einer Wettkampfdiät
2) Du gönnst dir einfach, in dem Fall beeinflussen diese Schummeltage nämlich kaum deine Monats bzw. Jahresbilanz und führen dementsprechend auch nicht zu einem signifikanten Fettzuwachs
3) Du kompensierst bzw. sparst ein: In diesem Fall sorgst du dafür, dass der Überschuss minimiert bzw. komplett ausradiert wird.
   Dabei solltest du wie folgt vorgehen:
   a) Du sparst Kalorien ein:
      Du sparst z.B. 1-3 Tage vor deinem Cheatday täglich jeweils 400-600kcal ein und kannst damit 400-1800kcal mehr konsumieren
   b) Du kompensierst:
      Du reduzierst, deine Kalorienzufuhr direkt, nach dem Cheatday und kompensierst dadurch einen viel zu hohen Kalorienkonsum. Genaugenommen erzeugst du hier auch kein wirkliches Kaloriendefizit, sondern eher einen Ausgleich und musst deswegen auch keine negativen Konsequenzen fürchten.
      Im Idealfall würde ich die Kalorien hauptsächlich am Morgen/Mittag einsparen, da du hier noch vom Vortag ´´profitierst´´

 smallchest

Koffein Konsum – Musik

Thema Koffein und Musik in Bezug auf das Krafttraining

Was verursacht Koffein im Körper?

Beim Verzehr durch den Menschen stimuliert Koffein das zentrale Nervensystem, und erhöht die Wachsamkeit bzw. verringert das Müdigkeitsgefühl.

Je nach Müdigkeit und/oder Leistungssteigerung macht eine Dosierung von 1 – 6mg/kg durchaus Sinn, vielmehr sollte es dann aber nicht sein denn, die Nebenwirkungen können ganz schön unangenehm werden, von Schlaflosigkeit, Nervosität bis über Herzrhythmusstörungen ist alles dabei!

Vorweg reagiert nicht jeder gleich auf diesen Wirkstoff, die einen sind da etwas empfindlicher, die anderen bauen mit der Zeit eine gewisse Toleranz auf

Was genau ist aber mit Toleranz gemeint?

Jemand, der durchgehend hohe Mengen an Koffein konsumiert, müsste demnach eine noch höhere Dosis zu sich führen sodass er die gleiche Wirkung erzielt!

Aus diesem Grund passe ich die Koffeinmenge an meinen Trainingszyklen an. Konkret bedeutet dies, dass meine Koffeinzufuhr, im Laufe der Trainingswochen ansteigt und schlussendlich im Deload wieder auf ein Minimum abfällt.

Dasselbe gilt auch für die Musik, auch diese kann den Zyklen angepasst werden, von soft zu hart.

Übrigens: Der Gewöhnungseffekt bei Koffein tritt relativ schnell ein, ab und zu mal eine Koffeinpause einlegen wäre sinnvoll, um wieder das volle Potenzial des Wirkstoffes zu schöpfen!

 smallchest

Supplemente

Supplemente bzw. Nahrungsergänzungsmittel sollten, wie der Name bereits ziemlich gut vermuten lässt, deine Ernährung stets sinnvoll ergänzen.

Wenn du also vor einem bestimmten Nährstoff zu wenig über deine Ernährung aufnehmen solltest, wäre eine Supplementierung sinnvoll und in einigen Szenarien sogar essenziell.

Darüber hinaus können Supplemente dein Leben deutlich erleichtern, weil gewisse Nährstoffe nur sehr schwer über die Ernährung zu decken wären.

Der einfachste Weg wäre wohl regelmäßig ein Blutbild machen zu lassen, hier kannst du dann je nach Defiziten supplementieren.

Es sei außerdem zu erwähnen, dass nicht jedes Supplement wirklich ankommt bzw. die Menge überhaupt ausreicht, selbst wenn du es in hohen Mengen konsumierst.

Gründe hierfür reichen von Stress Krankheit, Genetik bis hin zu einer schlechten Absorption!

Nun aber zu den gängigsten und sinnvollsten Supplementen:

Omega 3: 1,2-18g/Tag stärkt das Immunsystem die Herzgesundheit, lindert Entzündungen und hebt die Laune

Vitamin D3: 20-80IE/kg/Tag fördert die Hormonproduktion, die Knochendichte und steigert die Laune

Kreatin Monohydrat: 0,05-0,1/kg/Tag erhöht die Performance und die Muskelfülle

Proteinpulver: nach Bedarf, maximiert die Proteinsynthese

Koffein: 1-6mg/kg, minimiert die Müdigkeit und erhöht die Performance

Multivitamin: nach Bedarf - hilft beim Abdecken der Mikronährstoffe

Beta Alanine: 3-5g/Tag, erhöht die Kraftausdauer

EAAs nach Bedarf, maximiert die Proteinsynthese

Citrullin Malat 6-8g, steigert den Pump und fördert die Regeneration

Cardio

Grundsätzlich gibt es 2 Ziele, die die meisten Athleten mit Cardio erreichen wollen.

Entweder mehr Kalorien verbrennen und/oder das Herz-Kreislauf-System stärken!

-Kalorien verbrennen:

Jede Bewegung, die wir ausführen, verbraucht wertvolle Energie, so kann regelmäßig ausgeführtes Cardio-Training deinen Kalorienverbrauch signifikant in die Höhe treiben.

Ein Vorteil ist dass, du entweder bei der gleichen Verlustrate mehr essen kannst oder bei identischer Zufuhr mehr abnehmen wirst.

Doch Vorsicht, am Ende des Tages ist immer noch das Kaloriendefizit für deine Fettabnahme verantwortlich!

Darüber hinaus kann sich Cardio-Training negativ auf unser Krafttraining auswirken und damit das Endresultat sabotieren.

-Zeit:

Cardio nimmt natürlich auch Zeit in Anspruch, Zeit welche du beispielsweise auch ins Krafttraining stecken könntest!

Hier musst du dir die Frage stellen, was dein primäres Ziel ist.

Wenn du hauptsächlich stärker und muskulöser werden möchtest, solltest du den Hauptteil der Zeit dem Krafttraining widmen, falls dein Training trotz Cardio jedoch nicht durch fehlende Zeit limitiert wird kannst du diesen möglichen Nachteil natürlich ignorieren!

-Cardio & Krafttraining:

Zu viel oder zu oft ausgeführtes Cardio kann deine Regeneration negativ beeinflussen, aus diesem Grund wären intensive Cardio Einheiten wie beispielsweise HIIT an separaten Tagen zu empfehlen.

Das heißt Kraft und Cardio-Training am besten an getrennten Tagen ausführen!

Wenn du dennoch aus Zeitgründen beides an einem Tag ausführen möchtest, so widme dich immer zuerst dem Krafttraining.

Cardio kann im Anschluss ausgeführt werden, beispielsweise mit niedriger Intensität, so dient es gleichzeitig zum ^^cool down^^!

-Beständigkeit:

Auf der einen Seite kann Cardio durch eine erhöhte Kalorienzufuhr bzw. durch einen erhöhten Kalorienverbrauch deine Beständigkeit steigern, auf der anderen Seite aber auch wieder verringern, da die Tätigkeit an sich nicht für jeden besonders spannend wirkt

-Gesundheit:

Solltest du 2-3x die Woche deine Beine trainieren und jünger als 50 Jahre sein, musst du für deine Gesundheit nicht unbedingt Cardio-Training ausführen, ansonsten wären 1-2 wöchentliche Sessions durchaus zu empfehlen!

Wenn du also ein gewisses Alter erreicht hast und weniger als 4-5-mal pro Woche trainierst, mit deinen Kalorien nicht mehr zurechtkommst oder innerhalb deines Kalorienziels deinen Protein-Fett – Mikronährstoffbedarf nicht mehr decken kannst, solltest du Cardio mit integrieren.

In allen anderen Fällen tauschst du einfach nur Zeit gegen einen größeren Kalorienverbrauch.

Sehr leichtes Cardio-Training kann darüber hinaus die Regenerationszeit dezent steigern!

Zum Schluss sei noch anzumerken, dass Cardio an jedem Zeitpunkt des Tages ausgeführt werden kann, achte jedoch darauf, es nicht unbedingt vor dem Krafttraining zu tun, gegen eine 15-minütige Aufwärmroutine spricht natürlich nichts!

Wasserkonsum

Da ein ausreichender Wasserkonsum sowohl deine Gesundheit als auch deine Leistungsfähigkeit maßgeblich positiv beeinflusst, kümmern wir uns im Folgenden um die Frage, wie hoch deine tägliche Flüssigkeitszufuhr sein sollte.

Denn Dehydration kann deine Performance signifikant negativ beeinflussen!

Eine punktgenaue Empfehlung kann schwer genannt werden, da dies von einigen Faktoren wie beispielsweise Größe, Gewicht, Geschlecht, Schweisverlust abhängig ist.

Deshalb gehen wir hier auf Nummer sicher und sprechen eine Empfehlung von **1L Flüssigkeit pro 20kg** Körpergewicht aus.

Doch durch welche Indikatoren können wir jetzt feststellen, ob wir genügend Flüssigkeit zu uns genommen haben?

Zum einen über die Farbe des Urins und zum anderen über die Häufigkeit des Urinierens.

In der Regel solltest du nämlich grob 5 recht klare Urinnierungen anstreben.

Welche Getränke kommen hier überhaupt infrage?

Im Prinzip alle außer Alkohol, da dieser dem Körper Wasser entzieht, ebenso tragen Lebensmittel mit einem hohen Wasseranteil zu dem gesamten Flüssigkeitskonsum bei.

Aus diesen Gründen solltest du dich zunächst an die obigen Pauschalempfehlungen orientieren und anhand deines Urins ggfls. Anpassungen vornehmen.

Zum Schluss sei noch gesagt, dass du am besten über den Tag verteilt die Flüssigkeit zu dir nehmen solltest, gegen Abend hin weniger da nächtliches urinieren dich vom Schlafen abhält, und wie wir bereits alle wissen ist Schlaf ein weiterer wichtiger Bestandteil für unseren Muskelaufbau.

Kalt duschen

Welche Vorteile bringt kaltes Duschen mit sich?

Es gibt einige gute Gründe, um mit dem kalten Duschen anzufangen.

1). Kalt duschen stärkt das immunsystem, allerdings erst bei regelmäßiger Anwendung

2). Kalt duschen verbrennt (mehr) Kalorien, denn wenn der Körper friert muss er Energie bereitstellen, um zu wärmen

3). Kalt duschen macht glücklich, der Körper schüttet Glückshormone wie beispielsweise Endorphine aus, gleichzeitig steigt der Adrenalinspiegel an.

4). Kalt duschen ist gut für Haut und Haare.

Bei Kälte verengen sich die Gefäße, bei Wärme weiten sie sich wieder, das kurbelt die Durchblutung an und macht einen hellwach

Natürlich wäre es nicht ratsam, von jetzt auf gleich Minuten lang unter eiskaltem Wasser zu stehen, der Körper ist schließlich noch nicht dran gewöhnt

Doch wie gehen wir jetzt vor?

Es gibt 2 Möglichkeiten, um sich beim kalten Duschen langsam zu steigern

1). Wassertemperatur langsam minimieren, anstatt der quietschenden Ente ein Thermostat mit in die Dusche zu nehmen und kontrollieren

2). Von Beginn an eiskalt duschen, aber auf Zeit!

Sprich jeden Tag etwas länger, empfehlenswert dabei wäre es von unten an den Füssen zu beginnen und sich langsam Richtung Kopf hochzuarbeiten

Pro Tipp: Notiere deine Erfolge, um sicherzugehen, dass du dich auch hier steigern konntest!

 smallchest

Blutbild

Warum überhaupt sollten wir regelmäßig zu einer Blutuntersuchung gehen?

Unser Blut besitzt nun mal eine sehr hohe Aussagekraft, immerhin pump das Herz davon täglich zwischen 4 und 6 Liter durch die Blutgefäße in den gesamten Körper!

Anhanddessen können sich somit Defizite herauskristallisieren!

Nun gehen wir hier auf die wichtigsten Werte in Bezug auf Fitness ein!

Folgende haben einen direkten Einfluss auf die Leistungsfähigkeit und den Muskelauf und abbau!

Nierenwerte: Insbesondere **Kreatinin** mit einem Referenzwert bei Männern von 0,84-1,25mg/dl und 0,66-1,09mg/dl bei Frauen, bei der Einnahme von Kreatin kann das Ganze auch höher ausfallen!

Des Weiteren die **Harnsäure** mit einem Referenzwert von 3,4 – 7,0mg/dl bei Männern und 2,4 – 5,7 mg/dl bei Frauen, die Informationen über die Abbauprodukte preisgeben

Leberwerte GOT, GPT und GGT

Hier liegen die Referenzbereiche bei Männern bei 10-50U/l und bei Frauen bei 10-35U/l

Cholesterin: Der maximale Blutwert wird von Medizinern mit 200mg/dl angegeben, wobei hier oft das Gesamtcholesterin gemessen wird, Aussagekräftiger ist das **HDL-Cholesterin** bei min 40 mg/dl **und LDL-Cholesterin** mit höchstens 116mg/dl

Triglyceride: Erhöhte Werte werden unter anderem mit Fettleibigkeit (Adipositas) und Diabetes in Verbindung gebracht.

Aus diesem Grund sollten Sportler grundsätzlich einen niedrigen Wert von möglichst unter 150md/dl anstreben.

Blutzucker: Oft erhöhter Wert bei regelmäßigem Konsum von süßen Lebensmittel, Softdrinks und Weißmehl Produkten in Verbindung mit intensiven Trainingseinheiten gerne noch höher.

An trainingsfreien Tagen sollte der Wert jedoch zwischen 55 und 115mg/dl liegen.

Gesamteiweiß: Es ist kein Geheimnis, dass Bodybuilder auf eine optimale Eiweißversorgung angewiesen sind.

Die Eiweißkonzentration im Blut lässt, sich mit einer entsprechenden Blutuntersuchung ermitteln.

Der Referenzwert hierbei liegt zwischen 6,4-8,3g/dl

Hormone: Hier kommt das für uns wohl wichtigste Hormon für den Muskelaufbau: Testosteron, dieser sollte zwischen 7,2 und 27pg/ml bei Männern und 2,03 und 2,57 pg/ml bei Frauen liegen.

Der Gegenspieler **Cortisol** sollte dabei in Schach gehalten werden und die Grenze von 100ng/ml möglichst nicht überschreiten!

Auch die Vitamine, Mineralstoffe, Spurenelemente und Aminosäuren sollten im Auge behalten werden (dazu sind wir aber bereits größtenteils schon im Kapitel ^^Supplements^^ eingegangen)

Zusammenfassend lässt sich also sagen: bei großen Abweichungen kontaktieren sie ihren Arzt oder Apotheker ☺

 smallchest

Alltag Aktivität

Wie sieht also jetzt der perfekte Tag aus?

Wir gehen nochmals alles im Detail durch!

-Aufwachen: WC Gang, ausziehen bis auf die Unterwäsche, wiegen auf derselben Waage am selbigen Standort und Werte notieren!

-Mindestens 3-4 effektive Mahlzeiten (35g Protein) mit einem Abstand von min. 3-4 Std.

-Training (Koffein+Musik der Trainingswoche anpassen)

-Schritte sammeln min 7000/tag (trägt der Gesundheit bei und hält deinen Verbrauch hoch)

-300-500g Gemüse und Obst, ggfls. Nahrungsergänzungsmittel zuführen

-Genügend Flüssigkeit über den Tag zuführen 1L/20kg

-Konsumiere 30-50g Ballaststoffe

-Schlafen: Sorge für ausreichend und guten Schlaf!

 smallchest

Selbstbewusstsein – Selbstverliebtheit

Eines was das Training definitiv mit der Zeit mitbringen wird, ist Selbstbewusstsein!

Du hältst dich an einen Plan, gehst regelmäßig trainieren und erreichst schlussendlich deine Ziele.

Dies macht dich natürlich stolz, auch mit Recht, doch manchmal kommt es vor, dass der Stolz überhandnimmt und man zur Selbstverliebtheit neigt.

Du musst dir eines immer vor Augen halten, auch wenn es toll ist, was du geschafft hast, so haben dies auch 1000 weitere Leute erreicht.

Warum schreibe ich das hier jetzt so hart?

Leider kommt es immer öfter vor, dass Menschen Stolz mit Selbstverliebtheit verwechseln.

Klar, man achtet äußerst penibel auf sein Aussehen, steckt wahnsinnig viel Arbeit in seinem Körper und alleine diese Faktoren lassen dich schon ein stückweise selbstverliebt wirken.

Aufgrunddessen ist jedes kleine Stück darüber hinaus noch viel intensiver wahrzunehmen.

Ich möchte dir nur ans Herz legen: Bleib, wie du bist und verändere dich nicht, es sei denn zum positiven!

Nutze das, was du erreicht hast, um anderen weiterzuhelfen, anstatt ein **ICH** Mensch zu sein.

Denn, weißt du was noch schöner ist als ein guter Körper?

Ein guter Charakter + ein guter Körper ;)

 smallchest

Schlusswort

Nun sind wir auch schon am Ende angekommen!

Ich bedanke mich für deine Zeit, Unterstützung und vor allem deine Aufmerksamkeit!

Ich hoffe sehr, dass dir dieser kleine Leitfaden weitergeholfen hat und dich zukünftig in deinem Training begleitet.

Sollte etwas unklar sein, so hilft es, die jeweiligen Kapitel mehrfach durchzulesen, gerne kannst du mir diesbezüglich aber auch schreiben.

Weiterhin wünsche ich dir viel Spaß bei deinem Training, denn Spaß sollte hierbei immer im Vordergrund stehen!

Denk dran, der beste Plan bringt nichts, wenn du ihn schlussendlich nicht einhalten kannst/willst.

Mit diesen abschließenden Worten verabschiede ich mich von dir!

Über eine weitere Empfehlung deinerseits würde ich mich sehr freuen!

<u>Alles Gute auf deinem Weg nach oben!</u>

Verlag: BoD · Books on Demand GmbH, Überseering 33,
22297 Hamburg, bod@bod.de
Druck: Libri Plureos GmbH, Friedensallee 273,
22763 Hamburg
ISBN: 978-3-7693-0360-5